Kelly Martínez-Grandal
Translated by Margaret Randall

Zugunruhe

W0010512

poetry

katakana
editores

Índice

Table of Contents

A mi abuelo, que temía morir en tierra extranjera y no lo hizo
A mi padre, que lo hizo sin quererlo
A mi suegro, que quería y no pudo

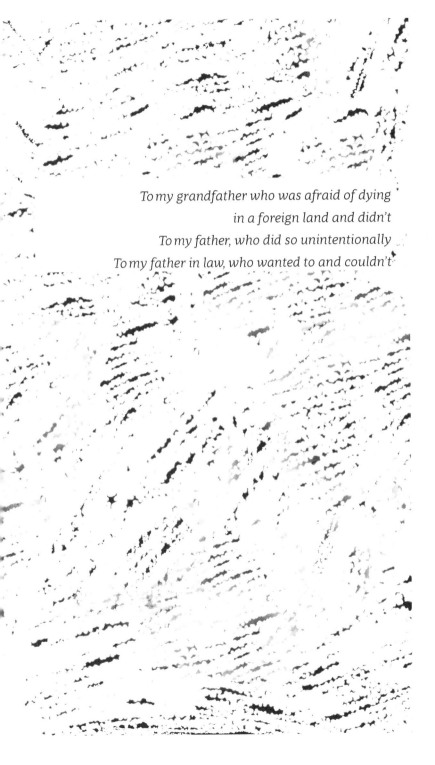

*To my grandfather who was afraid of dying
in a foreign land and didn't
To my father, who did so unintentionally
To my father in law, who wanted to and couldn't*

Te aconsejo amigo que te crees incapaz de reconciliarte con el género humano, que te consumes de añoranza y te desvelas de rencor porque te robaron tu patria y la destrozaron, que de noche retires de tu velador el somnífero que te recetó el médico. Apaga la luz, acomódate en tu lecho, cierra suavemente tus párpados y en la misma posición en que a ti y a mí, como hamburguesas o salchichas, nos devorarán los gusanos en algún cementerio de Miami, emprende el viaje al pasado. Ya en camino, atiende en el silencio la dulzura de una voz olvidada que te llevará por oscuras sendas interiores al país de tu infancia. Adéntrate en él.

Comprenderás muchas cosas; cómo se resucita a los muertos o se impiden que los muertos mueran. Repasa en cada insomnio una página de tu vida; recuérdalo todo, que tus recuerdos le devolverán a tu alma que se quedó pobre, un poco de riqueza.

LYDIA CABRERA, en *Itinerarios del insomnio*

10

I advise you, my friend, you who believe yourself incapable of reconciling to the human condition, you who consume yourself with longing and are sleepless with resentment because they took your homeland and destroyed it, remove from your night table the sleeping pills your doctor prescribed. Turn off the light, get comfortable in bed, lower your eyelids gently and just xas the worms in some Miami cemetery will devour us as if we were hamburgers or hotdogs, begin your journey into the past. On your way, pay silent attention to the sweetness of a forgotten voice that will lead you by dark interior pathways to the country of your childhood. Enter.

You will understand many things; how to resurrect the dead or prevent the dead from dying. In each moment of insomnia review a page of your life; remember everything, for your memories will give back a bit of richness to your impoverished soul.

LYDIA CABRERA, *Itinerarios del insomnio*

11

No investigues mi muerte
porque soy extranjero
porque soy extranjero
Señor no investigues mi muerte
porque soy extranjero
porque ni muerto muero, señor
porque soy extranjero

LUIS MORENO VILLAMEDIANA, en *Otono (sic)*

Don't investigate my death
because I'm a foreigner
because I'm a foreigner
Lord don't investigate my death
because I'm a foreigner
because even dead I do not die, Lord
because I'm a foreigner

LUIS MORENO VILLAMEDIANA, *Otono (sic)*

Zugunruhe (y a quienes se preguntan por el título)

Zugunruhe es una palabra alemana. Formada por *zug*, migración o movimiento y *unruhe*, ansiedad o agitación, se usa en etología para hablar de la ansiedad migratoria en los animales, especialmente en los pájaros: un estremecimiento interno, una pulsión filosa que anuncia la hora de irse. Incluso en cautiverio, si se reproducen las condiciones previas a la época de migración —cuando los va a matar el frío, el calor, la sequía—los animales experimentan *zugunruhe*. Sus ciclos de sueño se alteran, de un lugar a otro se revuelven inquietos.

El cuerpo sabe, anuncia.

¿Acaso se emigra si algo en nosotros no corre peligro de muerte? 圕

14

Zugunruhe (and for those who wonder about the title)

Zugunruhe is a German word. Combining *zug*, migration or motion and *unruhe*, anxiety or agitation, it is used in ethology to describe migration anxiety in animals, especially birds: an internal shudder, a sharp urge warning it is time to take flight. Even in captivity, if the conditions prior to the moment of migration are reproduced —when cold, heat, or drought are going to kill them— animals suffer from *zugunruhe*. Their sleep cycles are altered, they move restlessly from one place to another.

The body knows, it announces.

Do we migrate if something in us is not threatened with death? 卐

Exoesqueleto

La mujer molusco no existe. Apenas una mancha en el espejo,
la veo interrogarse los dedos de los pies. Ya no es aquella
que cruza el hielo.

Ahora,
con un círculo de tiza aleja los demonios,
se mueve en el silencio con un círculo de tiza. 田

Exoskeleton

The mollusk woman doesn't exist. Barely
                                    a stain on the mirror,
I see her questioning her toes. She is no longer the one
who crosses the ice.

Now,
with a chalk circle she drives away demons,
moving in silence within a circle of chalk. 卐

Exequias

Dadle un velo a la viuda,
ocultadla del mundo,
prended ya las lámparas.
Ha muerto el esposo en tierra extranjera,
no hay *pater familias* que oficie la ceremonia.

Habrá que atravesar el ponto
      por siete días
      con siete noches,
inmolar un cordero para las exequias.
Habrá que enrumbar las naves
cuando despunte el sol.
Vivir el luto es vivir la larva,
una viscosidad deforme con muchas cabezas.

El rey ha muerto,
sonad las caracolas,
que nadie hable.
Se ha derramado su hogar como leche en un cuenco.
Ha muerto el esposo
en tierra extranjera. 卐

Funerals

Giveth a veil to the widow,
hide her from the world,
light the lamps.
The husband has died in a foreign land,
there is no *pater familias* to officiate the ceremony.

We will have to cross the Pontus
        for seven days
        and seven nights,
sacrifice a lamb for the funeral.
We will have to lead
the ships when the sun appears.
To live in mourning is to live like larvae,
a deformed viscosity of many heads.

The King has died,
blow the conch shells,
no one must speak.
His home overflows like milk in a bowl.
The husband has died
in a foreign land. ◫

Piedras de sal

A Wendy L.

Guarda la aguja, los hilos,
no aprendimos el arte del zurcido invisible.
Un manto de cicatrices levanta sobre la arena.

Habrá que zarpar de nuevo
con otras velas para este barco,
sin islas que recuerden a Ítaca,
aguas
con ballenas menos blancas.
Habrá que construir un mar.

Levanta el ancla, arde la casa,
rema conmigo.
No pasemos con tristeza esta llanura,
no crucemos la mirada sobre el hombro. 甶

Salt Stones

To Wendy L.

Store the needles, the thread,
we did not learn the art of invisible mending.
A mantle of scars raises itself from the sand.

We must set sail again
with new sails for this ship,
without islands that reminds us of Ithaca,
waters
with fewer white whales.
We must build a sea.

Raise the anchor, home is burning,
row with me.
Let us not cross this plain with sadness,
let us not look over our shoulder. 卐

Polaris

Lo que perdimos persiste,
joyas entregadas al polvo,
perfumes de una acústica lejana.

Lo que ganamos persiste: piedra imantada,
                          casas con la arcilla de los cuerpos.

Sobre nosotros otra lengua,
anuncios ilegibles para los viajeros. 卐

Polaris

What we lost persists,
jewels given over to dust,
perfumes from a distant acoustic.

What we won persists: magnetized stone,
                    houses bathed in the clay of the bodies.

Above us another language,
illegible signs for the travelers. 卐

Contra Goliat

Yo aquí fui feliz,
me hice polvo de este polvo.
Cerbatana salvaje,
supe lo que era amor.

Sigue rodando emigrante,
todo aquello que soñaste o su revés.
Sigue rodando emigrante.

Flores malvas en otoño, amarillas en verano,
mi esposo me regala tardes espléndidas.
Nadie me revisa, me requisa.
Bueno sí el banco,
pero aquí puedo disentir,
vociferar.

En tu país eras *alguien* pero aquí no eres *nadie.*
Nadie
la ceguera del cíclope,
la ira de Poseidón,
la bruja Circe.
Pero mañana la aurora,

Against Goliath

I was happy here,
I became dust of this dust.
Savage blowpipe,
I discovered love.

Keep rolling immigrant,
everything you dreamed or it's opposite.
Keep rolling immigrant

Mauve flowers in fall, yellow in summer,
my husband gives me splendid sunsets.
No one follows or seizes me.
Well yes the Bank,
but here I can dissent,
vociferate.

You were *somebody* in your country but here you are *nobody.*
Nobody
the blindness of Cyclops,
rage of Poseidon,
Circe the witch.
But tomorrow the dawn,

la honda contra Goliat.
Sigue rodando emigrante.

Todo aquello que soñaste
o su revés. 卐

the sling against Goliath.
Keep rolling immigrant.

Everything you dreamed
or it's opposite. ◫

Nostos

I

Las islas huelen a lo lejos,

paren monstruos que se llaman como doncellas.

II

Se está sola aquí,

si acaso el ruido de las gaviotas.

Entre las rocas el sol, perla negra

la ostra del horizonte.

Estos lobos y cerdos no pueden hablar.

Era distinto el extranjero, sabía.

Durante doce lunas cambió el ruido,

la cinta del cielo apretando mi garganta.

Durante doce lunas me hice mortal

y no hubo pócimas

y otros caldos borbotearon en el fuego.

A veces miraba el mar,

se hacía uno con su condena.

Le hablé de Tiresias y las sirenas,

de monstruos

Nostos

I
Scent of islands in the distance,
giving birth to monsters with maidens' names.

II
You are alone here,
only the sound of seagulls.
Among the rocks the sun, black pearl
horizon's oyster.
These wolves and pigs can't talk.

The stranger was different, he knew.
For twelve moons the sound changed,
the sky's ribbon closing my throat.
For twelve moons I made myself mortal
without potions
or other broths simmering on the fire.

Sometimes he gazed at the sea,
became one with his punishment.
I told him about Tiresias and the Sirens,
stories of monsters

que se llaman como doncellas.

Partió una mañana,

vi su barco alejarse.

Esta playa una costra blanca.

III

Sol negro Perla negra

En el centro del mar una isla

Sobre la isla una roca

Sobre la roca nosotras

peinando con huesos nuestros lindos cabellos.

IV

A veces azul como las joyas de los persas,

a veces turquesa como las piedras de los egipcios.

De noche se hace uno con el cielo.

A veces olas como serpientes

estrangulan la garganta de la isla.

No dejo de mirar el mar

mientras hundo la aguja,

mientras descoso el sudario de Laertes y todos

braman en casa,

no dejo de mirar el mar.

with maidens' names.
He left one morning,
I saw his ship depart.
This beach a white scab.

III
Black sun, black pearl,
an island in the middle of the sea.
On the island a rock
and on the rock

we are combing our beautiful hair with bones.

IV
Sometimes blue like Persian jewels,
sometimes turquoise like the jewels of the Egyptians.
At night one with the sky.
Sometimes waves like serpents
strangle the island's throat.

I cannot stop watching the sea
as I sink the needle,
as I unstitch Laertes' shroud and everyone
in the house roars,
I cannot stop watching the sea.

A veces es suave como la piel de la Anadiómene.

Si vive ¿qué blancos pechos retienen a Odiseo?
¿Qué monstruo con nombre de doncella?
¿Es costumbre esta tela?

V
Entre aquello que soy y aquello que amo,
agua,
gestos traicioneros.

Fue primero la guerra,
su caballo tramposo en Troya,
luego vino el mar.
Yo no sabía cuán vasto es el mar,
cuántas islas que no son mi isla,
cada una con un monstruo para probar mi estatura, probar
cuánto quiero volver a casa.
Pero casa es una música lejana, una flauta perdida
                                        entre los montes,
en el ojo del cíclope, en las manos blancas de la hechicera,
en Escila y Caribdis arrojando sus perros.

Penélope ¿flotan canas en tu cabello?

Sometimes it is as smooth as Anadiomeny's skin.

If he lives, whose white breasts embrace Odysseus?
Which monster with a maiden's name?
Is this cloth familiar?

V
Between that which I am and that which I love,
water,
traitorous gestures.

War came first,
its cheating horse at Troy,
the sea came later.
I could not know the sea's vastness,
all the islands not my own,
each with a monster to test my lineage, prove
how much I want to come back home.
But home is a distant music, a flute lost in the hills,
in the eye of the Cyclops, in the sorceress's white hands,
in Schylla and Charibdis evicting their dogs.

Penelope, is there gray floating in your hair?

Canta, oh, Musa,

las desventuras del joven Odiseo,

hombre de ingenio multiforme

que no le sirve para volver a tiempo,

para prender en casa la lámpara votiva.

Ahora se asemeja a las algas y la sal.

Cuida la hoguera, amigo,

mañana enfilaremos la nave.

Siéntate junto a mí,

al calor de esta lumbre

contempla el cielo que es nuestro mapa.

Hoy debemos dormir, soltar el fardo,

los caprichos de estos dioses que solo saben reír.

Veinte años no son nada para ellos.

Toda esta travesía ¿será en vano? ¿Sabrán luego quién fui?

¿Hablarán de mí para consolarse los viajeros?

Aquí estuvo el astuto Odiseo.

Duerme, mañana enfilaremos la nave.

Mañana juntaré los pedazos de mi reino. ⛩

Sing, o, Muse
the misfortunes of young Odysseus,
man of multiform cunning
that doesn't help him turn back in time,
to light the votive lamp.
Now he is like the algae and the salt.

Tend the fire, my friend,
tomorrow we will move the ship.
Sit beside me
in the heat of this flame,
look at the sky that is our map.
Today we must sleep, remove the burden,
the whims of these gods who only know how to laugh.
Twenty years are nothing to them.

Will this journey be in vain? Will they know who I was?
Will travelers talk about me to comfort themselves?
Here was clever Odyseuss.

Go to sleep, tomorrow we will move the ship.
Tomorrow I will gather the fragments of my Kingdom. 舌

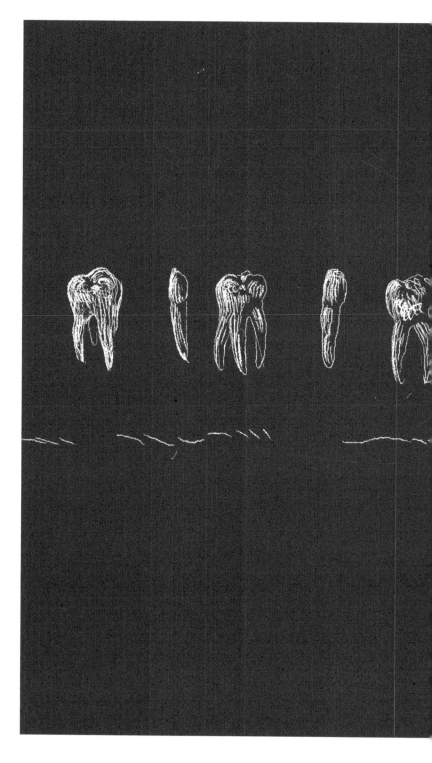

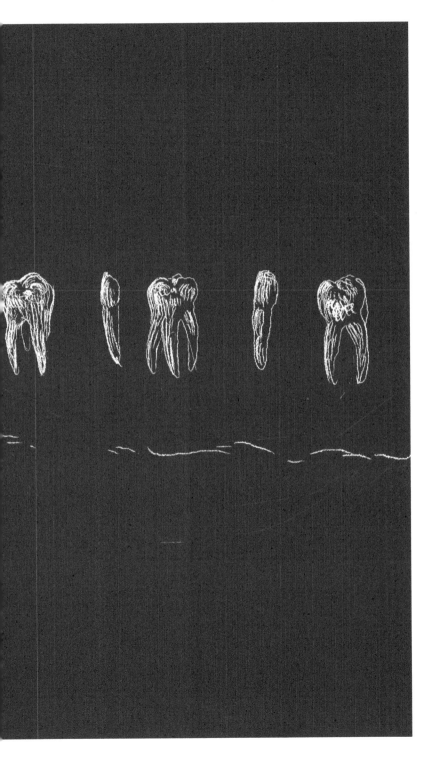

República del Rajatabla

Cuando se prendía, se prendía.

Aguanile y sudor,
barro de los cuerpos abrazando otros cuerpos.
Bar Rajatabla y el *chin chin* de las botellas,
república independiente de juglares y locos,
de una ciudad neón y la tenue vasija de su noche.

Allí la lucha de clases se resolvía bailando. Era tan fácil.
(Marx, obvio, nunca se bañó en las playas del Caribe)
Luego lo cerraron en nombre de la lucha de clases,
como todo el país se convirtió en espacio yermo
y no estaba Oswaldo, que se fue a México
ni Mauricio, que está en Los Ángeles
ni Wendy, que ahora vive en Costa Rica
mientras Ariana pasea por Barcelona y visita a Tomás
y a Mariana, que está en Irlanda,
Enrique no baila a *Jéctol* en las calles de París

Rajatabla Republic

When it was on fire it was on fire.

Aguanile[1] and sweat,
Mud of bodies embracing other bodies,
Rajatabla Bar and the *clink* of bottles,
independent republic of jugglers and crazy ones,
a neon city and the tenuous vessel of its night.

There they dealt with class struggle by dancing. It was so easy.
(obviously Marx never swam in Caribbean waters).
Then they closed it in the name of class struggle,
like the whole country it became a wasteland
and Oswaldo wasn't there, he went to Mexico
or Mauricio who lives in Los Angeles
or Wendy, who lives in Costa Rica now
while Ariana is spending time in Barcelona visiting Tomás
and Mariana, who is in Ireland,
Enrique isn't dancing *Jéctol*[2] in the streets of Paris

---

1 *Aguanile* is the name of a song by Puerto Rican salsa singer Héctor Lavoe.

2 This is the way Héctor Lavoe pronounces his own name in his songs.

41

y yo escribo desde Miami.
Ya no quedaba nadie.

Bar Rajatabla, en tu barriga besé,
tuve amores infieles.
A dentelladas mordí
la carne de mis vergüenzas.
Fui
con toda la furia de mis veinte.
En tus entrañas retamos a Dios
para ser expulsados, errantes
hijos de una república descolorida,
despedazada. 历

and I'm writing from Miami.
There's no one left.

Rajatabla Bar, in your womb I kissed,
took clandestine lovers,
nibbled rabid
on the flesh of my shames.
I left
with all the rage of my twenties.
In your womb we defied God,
only to be expelled, wanderers
children of a faded,
mutilated republic. ⊞

Rito

Ve al agua,
escupe en el río.
Gira tres veces.
Un guamazo de ron, cariaquito morado,
amárrate una penca en la espalda
y persígnate
contra tanta manigua afuera
y tanta bruja y tanto diablo
y tanta culebra de siete cabezas. ▨

44

Ritual

Go to the water,
spit in the river.
Turn around three times.
A shot of rum, purple verbena,
tie a branch to your back
and make the sign of the cross
so much *manigua*[3] out there,
so many witches and devils
and snakes with seven heads. ⊞

---

3   Swamp or wetland.

45

Genealogía

I

Muchachas que huyeron,
familia en la capital,
muertos en suelo extranjero.
Uno hereda sedimentos,
huesos como plumas
coronan la cabeza.

II

Bajo tierra, junto al mar,
duermen mis muertos.
No hay distancia.
Caminan detrás de mí
como perros o huérfanos
al final de la guerra.

III

La vieja casa no está,
algo terrible ha pasado.
Sobre sus ruinas hicimos.

Genealogy

I
Girls who ran away,
relatives in the capital city,
dead in a foreign land.
One inherits sediments,
bones as feathers
crown our heads.

II
Underground, close to the sea,
sleep my dead.
There is no distance between us.
They walk behind me
like dogs or orphans
at the end of the war.

III
The old house isn't here,
something terrible has happened.
We built upon its ruins.

Un ladrillo se guarda,

una mampara como una tarja

nos previene de la piedra.

No choquemos varias veces contra ella. 万

One brick saved,

a glass screen as a placard

warns us about the stone.

Don't hit yourself with the same one twice. 力

Olokun

Me da miedo el mar,
su hondura milagrosa poblada de secretos.
Cada ola la vida y la muerte.

Confluencia de ríos,
me da miedo el mar.
Lo que hay de él en mí escrito con su sal.
Ese vértigo sereno, ese pájaro en la noche. 卐

Olokun

I'm afraid of the sea,
its miraculous depths brimming with secrets.
Every wave of life and death.

Confluence of rivers,
I'm afraid of the sea.
what remains of it in me, written with its salt.
That serene vertigo, that bird in the night. 卍

Delonix Regia

Gira tu falda espiral

diosa africana huracán

viento

que arranca árboles

Veintitrés caminos Oyá

para nombrarte

en la entrada del cementerio

en la guerra y el pleito

en el castigo a los maridos infieles

en el agua honda del río y la laguna

en el remolino y la superficie

en la orilla de los mares

en el barro y la lluvia

en la montaña y la pedrera

en el honor y la riqueza

en los celos y las peleas

en los temporales y tempestades

en la ventisca de la tierra

en el aire en todas direcciones

en el orden y la justicia

en la planicie y el bosque

Delonix Regia

Spin your spiral skirt
African hurricane goddess
wind
that uproots trees

We have twenty-three paths Oya
to call you
to the entrance of the cemetery
in war and conflict
in the punishment of unfaithful husbands
in the deep waters of river and lagoon
in swirl and surface
in sea shores
in mud and rain
in mountain and sandstone
in honor and wealth
in jealousy and fights
in thunderstorms and tempests
in the Earth's blizzard
in the air in all directions
in order and justice
in lowlands and forests

en la fuerza de los tornados

en la fiesta y el baile

en la brujería y la magia

en las artes adivinatorias

en la centella y el rayo

en el caballo y el búfalo

en los que tienen dos sexos

en los que tienen poder sobre los muertos

En los que tienen poder sobre los muertos

Madre de los gusanos y el renacimiento

acepta mi ofrenda

Haz de sus almas una brisa serena 卅

in the strength of tornados
in parties and dancing
in witchcraft and magic
in divination
in thunder and lightning
in the horse and the buffalo
in those who have two sexes
in those who rule over the dead

In those who rule over the dead
Mother of worms and rebirth
accept my offering
Make of their souls a calming breeze 卐

Perro en la boca

Mi abuelo
tenía un solo traje para los velorios,
sabía que la muerte despedaza la memoria,
nadie recordará cómo fuiste vestido.
Ir presentable, si acaso,
colores no estridentes.
La muerte no tolera estridencias,
protagonista, diva insoportable.

Cuando llega hay que hacerle cortejo,
poner la mesa,
viene siempre hambrienta como un perro callejero.
Pasarle la mano y decidir
quién en la familia la adopta esta vez,
ir tapando huecos donde entierra huesos
que se comerá más tarde.
Huesos en la tierra chocando contra las raíces.

Cuando llega hay que ponerle nombre
y aceptar el orden que se altera.
Esta casa no va a ser la misma,

Dog in the Mouth

My grandpa
had one suit for funerals,
he knew death shatters memory,
no one will remember how you were dressed.
Just be presentable, if you can,
no strident colors.
Death doesn't tolerate flamboyance,
protagonist, unbearable diva.

When she arrives we must court her,
set the table,
she always comes hungry like a stray dog.
To pet her and decide
who in the family will adopt her this time,
cover the holes where she buries bones
to eat later.
Bones in the ground tangling with tree roots.

When she arrives we must name her
and accept the disturbed order.
This house will no longer be the same,

será una casa habitada por la muerte:

bestia huérfana que no sabes de amores,

bestia huérfana que te enseña los dientes. 田

it will be a house inhabited by death:
orphan beast who doesn't know about love,
orphan beast showing you her teeth. ⊞

Diversionismo ideológico

I

¡Cállese! Es una orden.

¡Venga y siéntese derecho!

Si le dijeron que *es así* es porque *es así*.

No cuestione, podría ser sospechoso. No se ría,

la risa es cosa del Diablo.

Tiene ideas demasiado propias, debería revisarse.

Si le dijeron que el Presidente es Dios, es porque es Dios.

Si le dijeron que el Partido es Dios, es porque es Dios.

Si le dijeron que Dios es Dios, es porque es Dios.

Respete.

Dios hay *Uno Solo* y es el nuestro, el Verdadero *Unosolo*.

El Partido es *unosolo*. La conciencia es *unasola*. Tú eres

unosolo con el Partido y con Dios, a su imagen

y semejanza. La risa puede costarle el fuego.

No importa de qué se ríe, nada importa de usted.

Usted ya no es un individuo. Que prefiera un sándwich

de pollo o la pintura de Modigliani no resulta relevante

para El Partido, ni para Dios. Usted no existe

o solo existe para la doctrina, el dogma.

Ideological Diversionism

I

Silence! It's an order.

Come on, sit up straight!

If they told you *it is so, it is so*.

Don't protest, it could mark you. Don't laugh,

laughter is the Devil's work.

You have too many independent ideas,

you should watch yourself.

If they told you the President is God, it's because he is God.

If they told you the Party is God, it's because it is God.

If they told you God is God, it's because he is God.

Have some respect.

There is *Only One God* and it's ours, the True *One*.

The Party is *One*, conscience *one*. You are *one* with

The Party and with God, created in His image and

likeness. Laughter can send you to the flames.

It doesn't matter what are you laughing at,

nothing about you matters. You are not an individual.

That you prefer a chicken sandwich or Modigliani's

paintings is irrelevant to the Party or God. You don't exist,

and if you do it is only to absorb the doctrine, the dogma.

61

Lo vigilamos, lo controlamos, no vaya a ser que recuerde

que puede hablar hacer

marchar

contramarchar.

Si falla, debemos reemplazarlo. No arreglarlo,

sino eliminarlo, reemplazarlo. Este sistema

no acepta piezas defectuosas.

II

Hay hambre.

Podría afinar el ojo, pintar un tigre, desdecir la realidad

de un niño muerto.

El poder, la bestia grasosa del poder —pastosa, brillante,

leguleya— se traga todo con su macabra cabeza.

Podría pensar en Hércules y fingir que somos capaces

de acabar con La Hidra, pero el ruido en la tripa

no me deja filosofar,

mitificar,

pontificar.

Hay hambre. No se puede salir. A las dictaduras

les gustan los toques de queda. La noche es una junta de

desaparecidos. Ya ni perros ni putas se ven en las calles.

¡Pero no disienta, compañero, que este año construímos

miles de casas! ¡Va aumentar la economía! ¡Y la ciencia!

We watch you, we control you, just in case you remember
                              you can talk make
march
protest.
If you fail, we must replace you. Not fix you but
                    eliminate you, replace you. This system
                         doesn't accept defective parts.

II
There is hunger.
I could tune my eye, paint a tiger, withdraw to the reality
                              of a dead child.
Power, the greasy beast of power — pasty, shiny, shyster—
                    swallows everything in its macabre mouth.
I could remember Hercules and fake our ability
                    to kill the Hydra, but the noise in my gut
                         doesn't let me philosophize,
mythologize,
pontificate.

There is hunger. We can't get out. Dictatorships
    like curfews. Night is an assembly of missing persons.
       Not even whores or dogs can be seen on the streets.

But you must agree, comrade, this year we built thousands
                of houses; the economy is doing well! And Science!

63

¿No lo sabe? ¿No lo ve en las noticias?
¡No disienta, que ahora sí se acabaron los imperios!
Todo es culpa del bando contrario y no es hambre,
sino la dieta justa para aumentar la producción,
consignación,
liquidación.
Cuando come no trabaja, le da sueño. Aquí
la única llenura es la fe inalienable en El Partido.

Si la tripa no sonara no quisiera largarme.
El amor a este suelo no me llena la barriga. No me llena. ⼒

Aren't you aware? Don't you watch the news?
Don't disagree, all the Empires are finished now! The other
side is to blame and it's not hunger, it's precisely
the diet that will increase production,
consignments,
liquidation.
You can't work where you eat. You become sleepy.
The only fullness allowed is your undying faith in the Party.

If my gut wasn't rumbling, I wouldn't want to leave.
My love for this land doesn't fill my stomach.

It doesn't fill me. 卐

Se resiste, no cede

Se resiste, no cede. Las manos empujan el estómago distendido de la realidad. Todos los días la noria, su estribillo cansino, los trajes roídos de los funámbulos.

Cortarse las manos podría ser un cambio. Sangre diamante aleteando sobre el suelo podría ser un cambio. Pero las manos empujan, escriben, coleccionan cadáveres de flores que pone a flotar solo para verlas ahogarse porque ella se ahoga. Se ahoga al sol, en la bisutería de las aceras, en las tardes de perlas negras.

¿Con qué humo espanta el cúmulo de moscas, manchas grasientas sobre las sobras del banquete? ¿Con qué humo las telarañas del odio? Todos contra todos en La Guerra de los Mil Ojos. La pesadumbre en el cuerpo arrastrando los pies.

Si intenta abrir un hueco, el hueco se cierra. Aquí la humedad, la oscurana, las alas sordas de los murciélagos. Pero se resiste, no cede, incluso cuando la garganta queda en silencio, espacio febril. Niños alucinando conciertos de osos.

A veces sueña con ser pez, un mar profundísimo donde habita una diosa con campanas. La espuma de sus pechos alimentando huesos y corales. Entregarle su cuerpo podría ser un cambio. Carne alga como alimento para cangrejos. Pero el

She Resists, Won't Give Up.

She resists, won't give up. Hands stretch reality's distended stomach. Every day the Ferris wheel, its tedious refrain, the shabby clothes of high-wire walkers.

Cutting her hands might change things. Diamond-blood flapping on the floor might bring change. But her hands push, write, collect the corpses of dead flowers she tosses on water just to watch them drown because she drowns. She drowns beneath the sun, on the imitation jewelry of sidewalks, in evenings of black pearls.

With what smoke she shoos away the swarm of flies, greasy stains on what's left upon the banquet tables? What smoke do the spider webs of hate evoke? Everybody against everybody in The War of One Thousand Eyes. Heaviness of her body, as she drags her feet.

If she tries to dig a hole, the hole closes around her. Here is humidity, darkness, the deaf wings of bats. But she resists, won't give up even when her throat remains silent, febrile space. Children hallucinating bear concerts.

Sometimes she dreams herself a fish in a very deep sea where a goddess with bells resides. The foam of her breasts feeding bones and corals. To give her body to Her might be

cuerpo se tensa cuando el hombre lo toca, dibuja la orilla, la hace flotar. Vibra bajo sus ojos plancton.

Se resiste, no cede.

Salta la marisma, abre sus larvas. 卅

a change. Flesh algae as food for crabs. But her body tenses when the man touches it, draws the shore, makes her float. She vibrates under his plankton eyes.

She resists, won't give up.

She jumps the marsh, opens its maggots. ⊞

Tuétano

La Habana reverbera, se resiste,
revienta en los adoquines.
Años luz,
presiento su galaxia de estrella niña.
No la nombro ni me nombra.

La Habana guarda en mí lo irrepetible,
pulsa como un nervio
detrás de todo, siempre,
el ámbar de su verano.
Me hiere por vez primera
mi cuerpo descubriendo su costumbre,
mi padre y yo en la Alameda de Paula,
la mano brújula de mi madre.

A veces canta su cancioncilla,
cambia mi voz,
sopla sus polvos sin que la vea.
Boca monstruosa,
como una rémora se aferra a mis caderas.

Marrow

Havana shimmers, resists,
explodes on its cobblestones.
Light years away,
I sense its galaxy of child star.
I don't name it. It does not name me.

Havana preserves the unrepeatable in me,
pulses like a nerve
behind it all, forever
is the amber of its summer.
It wounds me for the first time
and my body chooses its memory,
my father and me at the Alameda de Paula,
the compass hand of my mother.

Sometimes it sings its ditty,
changes my voice,
breathes its dust beyond my sight.
Monstrous mouth,
like a sucker fish grabbing my hips.

La Habana susurra en mí, siempre en mí,
fantasma incómodo.
Despacio me aprieta el cráneo,
Reina de Agua
reclama mi cabeza. 万

Havana whispers in me, it is always there,
awkward ghost.
Slowly it squeezes my skull,
Queen of Water
reclaiming my head. 卐

Balsero

Todo está oscuro aquí.
Si no fuera por el cielo pensaría que me tragó la ballena.
Al menos Jonás estuvo tres días.

El mar es siempre lo mismo,
un manicomio de paredes azules o negras.

Santa Cachita, Madre de Dios, ruega por nosotros
                                    los balseros, los pecadores.

Este estrecho es un cementerio,
tiene el largo de la mano de Dios.
A veces se duerme y nos deja caer,
cubanos y haitianos arrullo turquesa.

Espero no venga la tempestad,
espero la tempestad no me vuelque,
no va a aparecer La Virgen.
De todas formas prefiero morir aquí
a regresar
al país espectro, al país sin vida.

Rafter

It's dark in here.
If it wasn't for the sky I'd think
I was swallowed by a whale.
Where Jonah spent at least three days.

The sea is always the same,
a madhouse with blue
or black walls.

Santa Cachita, Mother of God, pray for us rafters, sinners.

This strait is a cemetery,
long as God's hand.
Sometimes He falls asleep and lets us fall,
Cuban and Haitians are a turquoise lullaby.

I hope the storm won't come,
I hope the storm doesn't capsize me,
the Virgin won't appear.
In any case I prefer to die here
than to go back
to the ghostly country, lifeless life.

Remo y rezo,
una letra de diferencia.

Detrás del horizonte está mi casa.
Detrás del horizonte mi mujer,
su cuerpo tibio poblado de almejas.
He visto al sol hundirse muchas veces,
muchas veces.
Dice la luna que hoy no,
que hoy no voy a morirme.

Dice la luna que detrás del horizonte,
que reme y rece.

Todo es soledad, silencio,
ropa blanca para el día,
ropa negra para la noche
y si no fuera por las estrellas
pensaría
que me tragó un animal monstruoso,
bíblico.

Dame tu seña, estrella polar.
Santa Cachita, Madre de Dios, ruega por nosotros
                              los balseros, los pecadores.

Remo and *rezo*,
a one-letter difference.[4]

Behind the horizon is my home.
Behind the horizon my woman,
her warm body inhabited by clams.
I've watched the sunset many times,
many times.
The moon says not today,
I'm not going to die today.

The moon says behind the horizon
row and pray.

Everything is solitude, silence,
white apparel for daytime,
black for night
and if it wasn't for the stars
I'd think
a monstrous biblical animal
had swallowed me.

Give me a sign, Northern Star,
Santa Cachita, Mother of God, pray for us, rafters, sinners.

---

4   *Remo* is row, *rezo* pray. I prefer to leave these words in the original
     Spanish rather than try to force an English correspondence. (Transla-
     tor's note).

77

Dice la luna que hoy no,
que hoy no voy a morirme. 卐

The moon says not today,
today I'm not going to die. 环

La lengua de los gusanos

I

Mira que venir a morirse aquí,
lejos del sol, lejos de casa,
con tanta comida en lata
y leyes para los nacimientos
y leyes para los matrimonios
y leyes para los entierros.

Venir a morirse aquí, con tanto frío.

II

Hice mi casa aquí.
Llegué de noche, dicen que hacía frío.
Hice mi casa aquí.

Comerás mierda,
emigrante,
limpiarás mierda.
Venderás a tu Señor por un plato de lentejas,
pero hice mi casa aquí, limpia.
Le di sudor, hijos, muertos

The language of Worms

I

Imagine coming here to die,
far from the sun, far from home,
with so much canned food
and laws about births
and laws about weddings
and laws about burials.

Coming here to die, with so much cold.

II

I made my home here,
arrived at night, they said it was cold.
I made my home here.

You'll eat shit,
immigrant,
you'll clean shit.
You will sell your Lord for a plate of lentils
but I made my home here, clean.
I gave it my sweat, children, my dead

y dije otras palabras enredando la boca

y fui un buen ciudadano

hasta el día de mi muerte

con saludo a la bandera.

Dios bendiga la tierra que dejé

y Dios bendiga esta tierra,

aquí fui sepultado.

Yazco en lo oscuro,

un poco solo.

Estos gusanos no hablan mi lengua.

III

Soy el Alfa y la Omega,

la Salida y la Entrada,

el Guardián y el Templo.

Vengo a mostrarte la blanda luz.

Mías son la podredumbre y la muerte,

si estoy aquí es porque estabas vivo.

Sigues vivo ¿no lo sabes?

pero de otra manera

Mío es tu cuerpo, tu paz.

Mi caricia es la última caricia.

and I spoke strange words
tangling my mouth
and I was a good citizen
until the day of my death
saluting the flag.

God bless the land I left
and God bless this land,
here I was buried.
I lie in the dark,
a little lonely.
These worms don't speak my language.

III
I am the Alpha and Omega,
Exit and Entrance,
Guardian and the Temple.
I come to show you the soft light.
Mine are the rot and death,
if I am here it is because you lived.
You're still alive, don't you know that?
but in a different way.
Mine is your body, your peace.
My caress is your last.

Conmigo

penetrarás el misterio,

el temblor de tu carne devuelta al polvo.

Te llamarás de otra forma,

responderás de otra forma

cuando los tuyos invoquen,

cuando el rostro se les quiebre a la mitad.

Aprenderás

a besarlos de otra forma,

siendo apenas silencio,

un sillón que se mueve,

un olor que regresa.

Cuando todo termine volverás a mí

y seré tu absolución

A ti,

que juraste tantas veces en nombre del amor,

que creíste en lo que llevan las palabras,

voy a enseñarte otro idioma.

Voy a enseñarte mi lengua. 舌

With me
you will penetrate the mystery,
the tremor of your flesh returned to dust.
You will possess another name,
you will answer in another way
when your people invoke you,
when their faces break apart.
You will learn to kiss them in another way,
you are barely a silence,
an armchair that moves,
a scent that returns.

When everything is over you will turn to me
an I will be your absolution.
To you,
who swore so often in the name of love,
who believed in what words bring,
I'm going to teach you another language.
I'm going to teach you mine. 五

Gajes del oficio

A Elisabetta B.

Ser poeta no es estar en la luna,

tampoco morder el polvo de la soledad.

Los poetas también barren

y crían hijos

y cuervos

y a veces no se deshojan en otoño,

ni florecen en primavera.

Ser poeta es ser servil a la palabra,

ponerle la mesa. Si tiene sed,

una limonada al pie de una palmera,

un abanico egipcio.

Pero los poetas también planchan, lavan ropa,

recogen la caca del gato

y maldicen o bendicen su suerte,

tienen la desgracia de acertar. 卐

Occupational Hazard

To Elisabetta B.

To be a poet is not to be on the moon
or to bite the dust of loneliness.
Poets also sweep floors
raise kids
and crows
and sometimes they don't drop leaves in fall
or blossom in spring.

To be a poet is to serve the word,
to set its table. If its thirsty,
a lemonade beneath a palm tree,
an Egyptian fan.
But poets also iron, wash clothes,
clean their cat's poo
and curse or bless their fates.
They have the bad habit of getting it right. ⌗

¿Quién como yo, extranjera?

He visto raíces rompiendo las aceras,
hombres sudorosos, murallas de dolor.
He acumulado todas las máscaras.

Me aprendí tus calles, ciudad,
me hice a tu imagen y semejanza.
En los veranos más crudos,
vi morir familias enteras.
Fui rara,
como un broche en la ropa de un mendigo,
sobreviví a las voces cuando paso.

Faro sin barco, el fantasma de no pertenecer,
de hacer casas como un caracol.
¿Quién, como yo, para aplastar la primavera de la uva,
extraer el jugo con los pies,
convertirlo en vino,
en el punto exacto en que las cosas no se agrian?
¿Quién, como yo, contando plegarias
como guijarros?
¿Cruzando el Rubicón?

Who like Me, Foreigner?

I've seen tree roots split pavement,
sweating men, walls of pain.
I've gathered all the masks.

I learned your streets, City,
I created myself in your image and likeness.
In your toughest summers
I watched entire families die.
I was strange
like a brooch on the clothing of a homeless person,
I survived voices when I pass.

Lighthouse without a ship, the ghost of not belonging,
of crafting houses like a snail.
Who, like me, can crush the grapes' spring
to extract juice with her feet,
turn it into wine,
just at the point when it doesn't sour?
Who, like me, counting prayers
like pebbles?
Crossing the Rubicon?

Una colcha de retazos con todos

los que estamos lejos de casa,

adaptándonos siempre a la premura de ser de nuevo

una fiera íntegra, que no flaquea en la adversidad.

¿Quién como nosotros, los errantes,

para apagar los fuegos y saber

que somos apenas reflejo en

el ojo de un dios?

¿Quién, como yo, extranjera? 冱

A patchwork quilt made from all of us
who are far from home,
always adapting once again to the urge
to become an upstanding beast who doesn't weaken
                                    in adversity.
Who, like us, the errant ones
to turn off the fire and know
we are merely a reflection in
some god's eye?
Who, like me, foreigner? 冊

In between

Disculpen,
Señores Garantes de la Moral Ciudadana,
si me duele que maten a un hombre
que no estaba —pregonaban las noticias—
a la altura de la patria,
de los postulados inmarcesibles de liberación nacional.

Disculpen si me quito el sombrero,
señal de luto,
cosa de campesinos o viejos.
Si guardo este minuto de silencio
por lo humano y sus contradicciones,
por no saber dónde está la salida.

Debe ser que soy tibia y sufro
de imperfecciones semánticas,
que tampoco estoy a la altura.
Nunca supe qué hacer en las marchas,
me quedo alelada mirando las banderolas.
Así que disculpen, Eminencias Todas,
mi poca prestancia para la fragua

In Between

Excuse me,
Gentlemen guardians of Civic Moral
if it hurts me when they kill a man
who didn't —the news says—
meet the Fatherland's expectations,
the unfading postulates of national liberation.

Excuse me if I remove my hat,
sign of mourning,
what farmers and the elderly do.
If I observe a minute of silence
for humanity and its contradictions,
for not recognizing the exit.

It must be that I am half-hearted and suffer
from semantic imperfections,
that even I do not meet expectations.
I never knew what to do on the marches,
I am stunned as I look at the flags.
So excuse me, Eminences, all of you
my meager talent for forging

del hombre nuevo o del héroe.

Mi tendencia

sospechosa

a los grises y el abismo. ⊞

the new man and his heroes.

My suspicious

tendency

toward the complex, the abyss. 历

El bosque

Rocas como cuchillos despliegan su espesura,
no piso en falso.
Si me distraigo, pierdo.

La bestia aguza el oído,
olfatea.
La bestia en mí,
mamífera asombrosa.

Si me confundo, pierdo.

Entre todas las lumbres ¿cuál es mi fuego? 田

The Forest

Rocks like knives display their thickness,
I cannot risk a false move.
If I am distracted, I lose.

The beast listens attentively,
sniffs.
The beast within me,
astonishing mammal.

If I am confused, I lose.

Of all the lights, which fire is mine? 冊

Boat people

A Michaelle Ascencio

Los trajeron en barcos, amarrados como bestias.

Congos, creían que cuerpo y alma

al morir

regresaban juntos a la tierra de los ancestros.

Para eso había que ser enterrado en el propio suelo.

Algunos se arrojaron al mar.

Otros vinieron a Haití, a la mordedura blanca,

cuerpos sin casa que podían ser revividos.

Luego vinieron los *boat people*,

miles de muertos en el estrecho de La Florida.

— No te juntes con haitianos —me dijeron—

No trabajes con haitianos. Pero una enfermera

haitiana acuna a mi padre en *lopital*, [5]

lo ayuda a morir.

Punto sin luz en América Latina, parece que el terremoto

quiere barrerlo. Con el vudú no te metas.

---

[5] Hospital en créole.

100

Boat People

To Michaelle Ascencio

They brought them in ships, tied like beasts.
Congos, they believed
when they died
body and soul returned together to the land
                of their ancestors. This meant they must be
                                buried in their homeland.
Some of them threw themselves into the sea;
some came to Haiti, to the invisible bite mark,
those homeless bodies that could be revived.
Then came *the boat people*,
thousands dead in the Florida Strait.

— Don't hang out with Haitians— they told me—
                Don't work with Haitians But a Haitian nurse
                        cradles my father in the *lopítal*,[5]
helps him die.

Dark point in Latin America, it seems an earthquake
                wants to swallow it. Don't play with Voodoo.

---

5   Hospital in creole.

101

Hollywood hace películas sobre zombies,

series sobre zombies,

zombies sobre zombies que

infectan todo

mientras ella canta en *lopital,* lo ayuda a morir,

la bata blanca de Maman Brigitte.

Pero no te juntes con haitianos, me dijeron, con zombies.

Los trajeron en barcos,

amarrados como bestias. 力

Hollywood makes movies about zombies,

series about zombies,

zombies about zombies

infecting everything

while she sings to him at the *lopital*, helps him die,

white dress of Maman Brigitte.

But don't hang out with Haitians, they told me,

with zombies. They brought them in ships,

tied like beasts. ⏹

Cruzo la calle y suena La Lupe

Si finjo
que aquí no pasó un tren
con su clave de humo
y algo no quedó aplastado entre los rieles,
una gardenia se seca al sol.
No estoy muerta,
aunque deambule por las calles como un espectro.

Dame un poema, amor,
que arrope con su lengua mi entrepierna.
Esta ciudad ya no cree en nadie,
a todos nos elimina,
la gente triste no tiene cabida
en el progreso.

No tengo cabida,
no quiero el show,
la tiranía del *mindfulness*.
Cruzo la calle y suena La Lupe. 卐

I Cross the Street and La Lupe Sounds

If I pretend
a train didn't pass this way
with its sign of smoke
and something wasn't crushed between the rails,
a gardenia dries in the sun.
I'm not dead
although I wander the streets like a ghost.

Give me a poem, my love
that tongues between my legs.
This city doesn't believe in anyone
it eliminates us all,
sad people don't fit
in progress.

I don't fit,
I don't want the show,
the tyranny of Mindfulness.
I cross the street and La Lupe sounds. 卐

Guarimbero

Un país no es una trampa,
un espacio para la oscuro,
un terreno de depredadores.
Tampoco un himno
o la leyenda turbia de sus guerreros,
un objeto desechable.

Pero ellos vinieron y ofrecieron
tristes quesitos para ratones
y dijeron
que no era un país, sino una patria,
porque un país es costumbre burguesa
como burgués es comer,
sentir dolor cuando nos llenaron
la cabeza de balas.

Prefería cuando eras petróleo y Misses, Venezuela,
aunque yo me quejara
de la raja que nos trajo aquí

Guarimbero[6]

A country is not a trap,
a collector of darkness,
a field of predators.
Neither an anthem
and the shady legend of its warriors,
objects to be thrown away.

But they came and and offered
sad little cheeses for mice.
They said
it wasn't a country, but a fatherland
because a country is a bourgeois custom
like eating was bourgeois
or suffering pain when they filled
our heads with bullets.

I preferred it when you were Oil and Misses, Venezuela,
                                    even if I complained
about the gash that brought us there

---

6   Name given to the Venezuelan students who took to the streets in pro-
    test between 2014 and 2017 and were assassinated by the Army.

y del whiskey servido con servilleta.

Prefería cuando eras el Salto Ángel y

las mujeres más bellas

y *mira la arepa ganó a mejor desayuno*,

no esta mueca con que ahora me escupes en la cara,

no la gente registrando como perros la basura,

no *dos militares violaron a una muchacha frente a su padre*

y un sueldo que no da para vivir,

para todo lo que quería Confucio.

No tus muertos,

que se pudren

como flores. 舌

whiskey served with napkins.
I preferred it when you were just Angel Falls
and *the most beautiful women*
and *look, the arepa[7] won best breakfast prize,*
not this grimace you spit in my face these days,
not people digging through garbage like dogs, not *two*
soldiers raped a girl in front of her father,
and a salary that isn't enough to live on
for everything Confucius wanted.

Not your dead,
rotting
like flowers. 万

---

7   Name of a pancake indigenous to Venezuela.

Doméstica

.

Duermo sin madre.

Tengo miedo

de lo que cabalga hacia la luz.

Trapo de silencio,

pesa el destino sobre estos huesos,

su amor y su desamparo.

Espanto de oro

lloran los niños.

Duermo sin madre

y en la casa se cuela un pájaro,

aletea sobre las fotos,

apaga velas.

En la casa se cuela la melancolía. 舟

Domestic

I sleep without a mother.
I'm afraid
of what rides toward light.
Silent rag,
destiny weighing these bones,
its love and helplessness.

Terror of gold
the children cry.

I sleep without a mother
and a bird slips into the house,
flaps its wings above the photos,
blowing the candles out.

Melancholy has entered the house. 卐

111

Salvatrucha

El desierto es un monstruo, el sol
un espanto luminoso.

Quema la tarde como un papel.
No te vayás en esta fecha,
le dijeron,
no seás idiota,
te va a comer la arena.
No te vayás por ahí,
no crucés el desierto.

Pero él tenía que irse, cruzar,
alejarse de la sangre.
Tenía que clamar a Dios
que no sabe si existe,
si se acuerda de ellos,
místicos de barro
en la pesadilla dorada de las dunas.
Tenía que irse.

Y el desierto es un monstruo
y él cruzó el desierto

Salvatrucha

The desert is a monster, the sun
a luminous dread.

It burns the evening like paper.
Don't go now,
they told him,
don't be a fool,
the sand will swallow you,
don't go there,
don't cross the desert.

But he had to leave, cross,
walk away from the blood.
He had to cry to a God
he doesn't know exists,
if He even remembers them,
mud mystics
in the golden nightmare of dunes.
He had to leave.

The desert is a monster
and he crossed the desert

y en el desierto le llamaron *salvatrucha,*

en la frontera le llamaron *salvatrucha*

y en todas partes le llamaron *salvatrucha*

como si fuera hombre

que no tiene qué ofrecer.

Y todos dicen que es taimado, traicionero,

que calla mucho y baja la cabeza.

Indio

y no se puede confiar en los indios

y él tiene cara de indio, una cabeza maya,

antiquísima

y no sabe qué hacer con sus palabras y su acento,

con los muros

que separan a los suyos del desierto,

a él de los suyos.

Pero tenía que irse,

cruzar el desierto

y el desierto es un monstruo

y él un indocumentado

que bulle callado como el Conchagua. 五

114

and in the desert they called him *salvatrucha*,
at the border they called him *salvatrucha*,
everywhere they called him *salvatrucha*,
as if he were a man
with nothing to offer.
And everybody says he is sly, tricky,
really silent, that he lowers his eyes.
Indian
and you can't trust Indians
and he has an Indian face, a Mayan head,
ancient
and he doesn't know what to do with his words
$\qquad\qquad$ and his accent, with the walls,
that separate his loved ones from the desert,
from him.

But he had to
leave, cross the
desert
and the desert is a
monster and he is an
illegal
who is quietly bustling like the Conchagua. 卐

En las fotos me parezco a Norma Jean

No todos los caminos conducen a Roma,
lo admito.
El mundo se llenó de fronteras,
suma y resta para construir,
ni hablar de divisiones y multiplicaciones.

Admito el desierto, mi impaciencia con Dios,
macho sordo mirando el fútbol.
A lo mejor si le ofrezco una cerveza.

Admito todo eso y que a veces,
en las fotos,
me parezco a Norma Jean.
Pero no me sienta el rubio platinado
ni seré amante de un presidente,
ni de su hermano.
No voy a tomarme un frasco de pastillas
antes de cumplir 40. 田

In the Pictures I Look Like Norma Jean

Not all roads lead to Rome,
I confess.
The world was filled with borders,
add and subtract to build,
without mentioning multiplications and divisions.

I confess the desert, my impatience with God,
                         deaf *macho* watching a soccer game.
Maybe if I offer him a beer.

I confess all that and that
sometimes in the pictures
I look like Norma Jean.
But platinum blonde doesn't suit
me, I'll not be the mistress of a
president or his brother.
I won't swallow a bottle of
pills before the age of 40. 冴

117

Blanco sobre blanco

Prefiero que el blanco arrase.

El blanco tiene muchos tonos,

lo sabía Malevich.

Uno huye del MoMA y está ahí disuelto

—volumétrico, *malandro*—

en el descansillo de la escalera.

Ese día era gratis,

todo el mundo un selfie frente a Van Gogh.

No fue hecho para fondo de su cara, contemple,

en el ombligo solo hay pelusa

y uno ahí, como alelado,

tratando de escuchar. 卐

White on White

I prefer whiteness and its clean sweep.
White has many shades,
Malevich knew it.
You run out of the MoMA and there it is
—volumetric, *gangsta*—
on the stairway's landing.

That was a free ticket day,
everyone a selfie in front of Van Gogh.
It wasn't supposed to be a backdrop for your face, imagine,
there's only lint in the navel
and you there, confused,
trying to listen. 卅

Northwest

No son los patios de los *junkeros*,
—metálicos, mutilados—
lo que llena la cabeza de alfileres.
Tampoco la vieja bajo el sol,
sobreviviente del apocalipsis.

Brownsville se aplasta como un cocodrilo,
inventario de escombros
de una ciudad-postal para mercadillos vintage.
Opa-Locka ruina de odaliscas, hachís art decó,
cierto polvo en el aire cae sobre los cuerpos.
Una luz tiembla de cierta manera.

North West no lugar, coordenada invisible,
paisaje en la ventanilla.
Miami by car
y siempre por accidente,
ten cuidado y te agarra la noche.
Por ahí no pasó Don Johnson.

Pero hay que mirar con la punta del ojo,
la lluvia desdibuja las calles, alivia la canícula.

Northwest

It's not junkyards
— metallic, mutilated—
that fill your head with needles.
Nor the old lady beneath the sun,
survivor of the Apocalypse.

Brownsville flattens like a crocodile,
inventory of rubble
of a post-card city for vintage bazaars.
Opa-Locka ruin of odalisques, art-deco
hashish, some dust in the air falls on the bodies.
A light shimmers its unique language.

Northwest, non-place, invisible coordinate,
landscape through the vehicle's window.
Miami by car
and always by accident,
be careful if you're there at night.
Don Johnson wasn't.

But we must look from the corner of our eye:
rain blurs the streets, relieves the heat.

Los niños-se refugian en la escuela

y la trompeta de Wynton Marsallis suena en el carro.

Ella pasa altiva, con su paraguas rosado,

entre una fila de árboles. 五

Kids take shelter at school
and Wynton Marsalis's trumpet plays on the car radio.
She passes proudly, with her pink umbrella,
between a row of trees. 𝄆

Estirpe

Entre cuatro paredes preso, molinos de viento,

Cervantes alucinó al Quijote.

Caravaggio se hizo famoso en el exilio, en Nápoles,
il pittore maledetto.
Estando borracho mató a un hombre por accidente.

Matisse comenzó a pintar convalenciente,
a los treinta años su madre le regaló una caja de acuarelas.

Anna Ajmátova siguió escribiendo (y tomando vodka)

cuando enviaron a su hijo a Siberia,
un marido fusilado enfrente. Tuvo amantes luego.
¿Qué podía hacer una princesa tártara sino sobrevivir,

contar lo que nos pasa?

Algunos no pudieron,
Celan se arrojó al Sena,
Benjamin eligió una frontera para morir.
Sylvia Plath hizo la cena y metió la cabeza en el horno.

Lineage

Captive between four windmill walls,
$\qquad$ Cervantes hallucinated Quixote.

Caravaggio became famous in exile, in Naples,
il pittore maledetto.
While drunk he killed a man by accident.

Matisse began to paint as a convalescent,
his mother gave him a watercolor box when he was thirty.

Anna Akhmatova continued writing (and drinking vodka)
when they sent her son to Siberia,
her husband shot before her eyes.
She had lovers after that.
What else could a Tatar Princess do
but survive and *describe this?*

Some couldn't,
Celan threw himself into the Seine,
Benjamin chose the border to die.
Sylvia Plath made dinner and put her head in the oven.
 Suffering is a flag,

El sufrimiento es una bandera,
conquistamos o nos rendimos.
Hay que saber cuándo ondearla. ⚑

we conquer or surrender.

We must know when to wave it. ▨

Impre(ci)siones de Nueva York

Enloquecida y lumínica,

Nueva York estalla como un cohete.

Ciudad-pulpo, en tus tulipanes asesinaron a Lennon.

Arriba la inmensidad, lo inalcanzable,

el punto verde, la estatua faro.

El cielo cristalino del High Line en el otoño.

Abajo Ginsberg, disfrazado de profeta niña,

en un vagón anuncia la locura,

las mentes brillantes, el Juicio Final.

Una japonesa y un payaso lo interrogan.

Tienes razón, Stieglitz, solo se puede fijar en fotografías.

El puente de Brooklyn se alza sobre mi cabeza,

olor a máquina

el humo pútrido de las alcantarillas.

A un mendigo-ángel lo persiguen las palomas.

En esa iglesia se habla directamente con Dios, me dice

y ríe con el rostro arrebolado por el frío.

Impre(ci)sions of New York

Wild and luminous,
New York explodes like a rocket.
Octopus-city, among your tulips they murdered Lennon.

Above, untouchable vastness,
a green dot, the lighthouse statue.
Crystal sky at the High Line in autumn.
Below, Ginsberg disguised as a prophet girl,
preaching madness in a subway car,
brilliant minds, the Final Judgment.
A Japanese woman and a clown question him.
You are right, Stieglitz, it can only be captured
in photographs.

Over my head the Brooklyn Bridge,
smell of machinery
putrid smoke from the sewers.

A homeless angel is chased by doves.
in that church you can talk directly to God,
he tells me and laughs
his face red from cold.

Le creo y entro,
un coro de espuma anida sobre el mar.

En las noches, de regreso, un hombre me abraza. 万

I believe him and go inside,
a choir of spume nests upon the sea.

At night, coming back, a man holds me. ⌗

Hemingway

Detrás de la escopeta había una sonrisa,
gatos con patas de seis dedos.
Estaban la guerra, las campanas
y un hombre como una pluma

flotando
en la gravedad del mundo,
en el lomo plateado de las agujas.

No era un hombre sino una bestia
        con alma de hombre
y apretar el gatillo una solución certera
como un café que rompe la mañana.

Tenía que dejar la finca,
la familia, la escritura.
Irse de golpe,
porque solo de golpe se marchan
quienes viven en la herida.

Tenía que escaparse de esta fiesta. 万

Hemingway

There was a smile behind the rifle,
cats with six-toed paws.
The war, the bells
and a man like a feather

floating
in the gravity of the world,
in the silver flanks of marlins.

He wasn't a man but a beast
        with a man's soul
and pulling the trigger
a solution as sure as a cup of coffee
that broke this morning's fast.

He had to leave the state,
his family, the writing.
Leave suddenly
because that's how those who live in the wound leave.

He had to escape this party. ⊞

Villancico

Esto

no resuelve nada.

Puedo escribir cien poemas

que no resuelven nada.

El mar sigue allí,

la ciudad continúa

su canto ajetreado de autopistas

y que yo escriba *los versos más tristes*

no repara la herida del mundo.

Pero hace una noche espléndida,

un aire lleno de olores

de frituras grasientas que se cuecen en cebollas,

un jazz lejano se cuela en la ventana.

En alguna parte la gente es feliz

y la Navidad se acerca.

Si estamos lejos de casa,

estas líneas no podrán solucionarlo. 卐

Carol

This
solves nothing.
I can write one hundred poems
that solve nothing.
The sea is still there,
the city keeps going
with its busy highway song
and even if I write *the saddest poems*
they won't heal the world's wound.

But this is a splendid night,
air filled with the scents
of a sizzling stir-fry with onions
and distant jazz comes through the window.
Somewhere people are happy
and Christmas is coming.

If we are far away from home
these lines won't fix any of it. 万

Indian River

De Okeechobee a St. Lucy, el agua
ve despegar cohetes.
Fuego breve se eleva,
estrellas que conoce desde niña.

Cielo nacarado, valva de un molusco,
en los manglares no ha llovido lo suficiente.
El sur está solo, silencioso
y el invierno no termina de irse.

Hoy el Indian River no tiene
rastros de despegue. Duerme,
murmura desde su orilla.
No abarca mi mirada su llanura de plomo. 力

Indian River

From Okeechobee to St. Lucy, the water
watches as rockets launch.
Brief flares, they rise
to stars they have known since childhood.

Pearly sky, a mollusk's valve,
not enough rain in the mangroves.
The South is alone in its silence
and winter is still here.

No one embarks today
on the Indian River. It sleeps,
muttering along its banks.
My gaze does not embrace its tidal plain. 舟

Jack Kerouac no me engañó

El país de Kerouac no existe. No son lo mismo las autopistas.

Hacer dedo en la carretera puede significar aparecer en el cartelito de desaparecidos de Walmart. Kerouac me mintió, me vendió un espejismo.

Yo vine de Carolina del Norte en carro y lo único que vi fueron pinos. Nada de músicos y ni sombra del *bayou*; un país enorme, salvaje.

Pinos y un ciervo. Fue como ver un unicornio.

Cuando entramos a La Florida se acabaron los pinos y empezaron las palmeras.

Uno confía demasiado en los escritores y yo, a Kerouac, además, le hubiera hecho pestañitas. Su país se perdió, a lo mejor habría que poner un cartelito en Walmart: *Make America Exist Again*.

Luego prendo las noticias y he aquí a un policía que mató a un hombre negro. Al carajo el letrerito de las guaguas, tan lindo, dedicado a Rosa Parks. He aquí a los mexicanos, "los Pedros y Panchos del estúpido saber popular americano", acusados de violadores; los viejos, que ya no sirven a nadie. Las mujeres indígenas no son contabilizadas en las listas de desaparecidos.

Jack Kerouac Didn't Lie to Me

Kerouac's country no longer exists. The highways aren't the same.

Hitchhikingmay put you on Walmart's missing people's list. Kerouac lied to me, he sold me an illusion.

I came from North Carolina by car and the only thing I saw were pine trees. No musicians, not even the *bayou*; a huge wild country.

Pine trees and a single deer. It was like seeing a unicorn.

When we entered Florida, the pines were gone, and palms began.

One trusts writers too much and I would have flirted with Kerouac. His country is missing, maybe we should put a sign up in Walmart: *Make America Exist Again*.

Then I turn on the news and here is a cop who killed a black man. Fuck the pretty sign on the buses, dedicated to Rosa Parks. Here are the Mexicans, "the Pedros and Panchos of stupid civilized American lore", accused of raping; the elderly, useless to everyone. Native American women are not counted on the lists of missing persons. They're

No aparecen ni siquiera en los cartelitos de Walmart. He aquí la rueda del odio.

No son lo mismo las autopistas, están llenas de carros que van a millón. A nadie le importa nadie.

Pero el Hudson sigue con chimeneas enormes ocultas en la bruma, en el humo que arrojan sobre Manhattan y en Oklahoma un campesino siega la gavilla. Hoy la estrella de la tarde se pondrá sobre la pradera.

Jack Kerouac no me engañó. 卐

not even on the bulletin board at Walmart. This is the wheel of hate.

The highways aren't the same, they are full of speeding cars; no one cares about anyone.

But the Hudson is still there with giant chimneys shrouded in mist, in the smoke they blow over Manhattan and a farmer is harvesting grain in Oklahoma. Today the evening star will descend upon the prairie.

Kerouac didn't lie to me. 田

Acerca de la autora / About the author

Kelly Martínez-Grandal (La Habana, 1980). Es Licenciada en Artes y Magister en Literatura Comparada, ambos títulos otorgados por la Universidad Central de Venezuela, país donde vivió por veinte años. En esta misma institución fue profesora por siete años, y dictó cursos que abarcaban temas como la sociología del arte y la crítica literaria. Por más de diez años se ha dedicado también al trabajo editorial.

Sus poemas han sido incluidos en varias antologías: *102 poetas en Jamming* (OT Editores, Caracas, 2014), *100 mujeres contra la violencia doméstica* (Fundavag Ediciones, Caracas, 2015) *y Aquí [Ellas] en Miami* (katakana editores, 2018), entre otras, así como en revistas digitales: *Literal Magazine, Revue Fracas, Emma Gunst, Nagari Magazine y Suburbano*. En el 2017 publicó su primer libro, *Medulla Oblongata* (CAAW Ediciones, Miami). Actualmente vive y trabaja en Miami. 卐

Kelly Martínez-Grandal (Havana, 1980). She holds a Bachelor in Arts and a Masters degree in Comparative Literature, both from the Central University of Venezuela, a country where she lived for twenty years. At this same institution she was a professor for seven year, teaching courses in sociology of arts and literary criticism. For more than ten years she has been in publishing.

Her poems have been included in several anthologies: *102 poetas en Jamming* (OT Editores, Caracas, 2014), *100 mujeres contra la violencia doméstica* (Fundavag Ediciones, Caracas, 2015) and *Aquí [Ellas] en Miami* (Katakana Editores, 2018), as well as in online magazines: Literal Review, Revue Fracas, Emma Gunst, Nagari Magazine and Suburbano. In 2017 she published her first poetry collection, Medulla Oblongata (CAAW Ediciones). She lives and works in Miami. 卐

143

Acerca de la traductora / About the translator

Margaret Randall es poeta, escritora, fotógrafa, militante feminista y activista social. Es autora de más de 150 libros de poesía, ensayo y historia oral. Nacida en Nueva York en 1936, vivió por largos períodos en Albuquerque, Nueva York, Sevilla, Ciudad de México, La Habana y Managua. También mantuvo breves residencias en ~~el~~ Perú y Vietnam del Norte. Durante los años sesenta fundó y editó, junto con Sergio Mondragón, la revista literaria bilingüe El corno emplumado / The Plumed Horn, que por ocho años publicó la literatura más innovadora e importante de la época. Entre 1984 y 1994 fue profesora en varias universidades estadounidenses.

Randall tuvo el privilegio de vivir entre los artistas del expresionismo abstracto neoyorquino durante los años cincuenta, así como el de participar en el movimiento estudiantil mexicano de 1968, compartir años decisivos de la revolución cubana en los setenta, y los primeros cuatro años de la revolución sandinista en Nicaragua (1980-1984). En 1974 visitó lo que entonces era Vietnam del Norte durante los heroicos últimos meses de la invasión norteamericana. Sus cuatro hijos— Gregory, Sarah, Ximena y Ana—le han dado diez nietos y dos bisnietos. Vive con su esposa, la pintora Barbara Byers, desde hace 34 años.

En 1984, cuando Randall dejó Nicaragua para volver a los Estados Unidos, el gobierno estadounidense quiso deportarla invocando la ley McCarran-Walter de Inmigración y Nacionalidad, de 1952. El gobierno consideró que las opiniones expresadas en algunos de sus libros estaban "en contra del buen orden y la felicidad de los Estados Unidos". El Centro de Derechos Constitucionales asumió su defensa, y un gran número de escritores y otras personalidades se ~~le~~ unieron en una batalla por la reintegración de su ciudadanía. El caso duró cinco años y fue ganado en 1989.

145

En 1990 se le otorgó el Premio Lillian Hellman y Dashiell Hammett para escritores víctimas de la represión política. En 2004 PEN Nueva México le entregó el primer Premio Dorothy Doyle por una vida dedicada a escribir y al activismo en favor de los derechos humanos. En 2017 Literatura en el Bravo le dio su Medalla de Mérito Literario y en 2019 ganó el premio "Poeta de Dos Hemisferios" de Poesía en Paralelo Cero (Quito, Ecuador) y Casa de las Américas (La Habana, Cuba) le otorgó su Medalla Haydée Santamaría. En 2019 la Universidad de New Mexico le confirió el Doctor Honoris Causa en Literatura. Y en 2020 fue merecedora del George Garrett Prize de AWP.

To Change the World: My Life in Cuba salió en 2007 publicado por la Rutgers University Press. En 2018 salió su poesía seleccionada, reunida en el libro *Time's Language: Selected Poems 1959-2018*, seleccionado y editado por Katherine M. Hedeen y Víctor Rodríguez Núñez (Wings Press, San Antonio, Texas). En marzo de este año (2020) Duke University Press publicó sus memorias, *I Never Left Home: Poet, Feminist, Revolutionary.* New Village Press publicó My Life in 100 Objects en Septiembre del mismo año. *"The Unapologetic Life of Margaret Randall"* es un documental de una hora de duración, dirigido por las cineastas Lu Lippold y Pam Colby de Minneapolis, distribuido por Cinema Guild de Nueva York.

En septiembre de 2017, Margaret recibió la medalla de mérito literario de Literatura en el Bravo, Chihuahua, México. En abril de 2019 recibió en premio "Poeta Dos Hemisferios" que otorgó el Festival de Poesía Paralelo Cero 2019 en Quito, Ecuador. En 2019 la Universidad de Nuevo Mexico le otorgó un doctor *honoris causa* en letras. En 2020 ganó el importante premio "George Garrett" de la Asociación Estadounidense de Escritores y Programas de Literature (AWP).

Las colecciones de poesía y fotografía más recientes de la autora son *Their Backs to the Sea* (2009), *My Town: A Memoir of Albuquerque, New Mexico,* y *As If the Empty Chair / Como si la silla vacía, She Becomes Time, About Little Charlie Lindbergh and other Poems, The Morning After: Poetry and Prose for a Post-Truth World, Againsta Atrocity y Starfish on a Beach: The Pandemic Poems* (todos publicados por Wings Press), y *Ruins* (University of New Mexico Press). Para más información acerca de Margaret Randall y su obra, visitar su página web: http://www.margaretrandall.org 万

146

Margaret Randall (New York, 1936) is a poet, essayist, oral historian, translator, photographer and social activist. She lived in Latin America for 23 years (in Mexico, Cuba, and Nicaragua). From 1962 to 1969 she and Mexican poet Sergio Mondragón co-edited *El Corno Emplumado / The Plumed Horn*, a bilingual literary quarterly that published some of the best new literature and art of the sixties.

When she came home in 1984, the government ordered her deported because it found some of her writing to be "against the good order and happiness of the United States". With the support of many writers and others, she won her case in 1989. Throughout the late 1980s and early 1990s, she taught at several universities, most often Trinity College in Hartford, Connecticut.

Randall's most recent poetry titles include *As If the Empty Chair / Como si la silla vacía*, *The Rhizome as a Field of Broken Bones*, *About Little Charlie Lindbergh*, *She Becomes Time*, *The Morning After: Poems & Prose in a Post-Truth World*, and *Starfish on a Beach: The Pandemic Poems* (all from Wings Press). *Che On My Mind* (a feminist poet's reminiscence of Che Guevara, published by Duke University Press), and *More Than Things* (essays, from The University of Nebraska Press) are other recent titles. *Haydée Santamaría: She Led by Transgression* was released by Duke in 2015. *Exporting Revolution: Cuba's Global Solidarity* was published by Duke in 2017. *Time's Language: Selected Poems: 1959-2018* came out from Wings in the fall of 2018; it covers 60 years of her poetry. And her memoir, *I Never Left Home: Poet, Feminist, Revolutionary*, was released by Duke in March 2020. New Village Press will published her *My Life in 100 Objects* in September 2020.

Two of Randall's photographs are in the Capitol Art Collection in Santa Fe.

She has also devoted herself to translation, producing *When Rains Become Floods* by Lurgio Galván Sánchez, *You Can Cross the Massacre on Foot* by Freddy Prestol Castillo, *Voices from the Center of the World: Contemporary Poets of Ecuador* and *Only the Road / Solo el camino, an anthology of eight decades of Cuban poetry*. Red Mountain Press in Santa Fe and The Operating System in Brooklyn have brought out her translations of individual Cuban poets. And she rediscovered the poetry of Rita Valdivia, a young combatant in Che Guevara's rebel army, and made it available to an English readership. Randall re-

147

ceived the 2017 *Medalla al Mérito Literario*, awarded by Literatura en el Bravo in Ciudad Juárez, Mexico.

More recent honors received by Randall include the "Poet of Two Hemispheres" prize, given by Poesía en Paralelo Cero, Quito, Ecuador, in April of 2019 and the Haydée Santamaría Medal, given by Casa de las Américas, Cuba, in May 2019. In May 2019, the University of New Mexico gave her an Honorary Doctorate in Letters. In March 2020 AWP named her the year's recipient of its George Garrett Award. And that same month she was honored with the Paulo Freire Award by Chapman University's Donna Ford Attallah College of Education.

Randall's web page is www.margaretrandall.org. She lives in Albuquerque with her partner (now wife) of more than 34 years, the painter Barbara Byers, and travels extensively to read, lecture and teach. 卐